U0587138

顺天性
有教养

布谷童书 著 野作插画 绘

国文出版社

图书在版编目（CIP）数据

顺天性有教养 / 布谷童书著 ；野作插画绘 .
北京 ：国文出版社，2025. （2025.7 重印）-- ISBN 978-7-5125-1926-8

Ⅰ . G40-012

中国国家版本馆 CIP 数据核字第 2025GU0813 号

顺天性有教养

作　　者	布谷童书	
绘　　画	野作插画	
责任编辑	戴　婕	
责任校对	刘梦琪	
出版发行	国文出版社	
经　　销	全国新华书店	
印　　刷	雅迪云印（天津）科技有限公司	
开　　本	710 毫米 ×1000 毫米	16 开
	6 印张	100 千字
版　　次	2025 年 5 月第 1 版	
	2025 年 7 月第 2 次印刷	
书　　号	ISBN 978-7-5125-1926-8	
定　　价	58.00 元	

国文出版社

北京市朝阳区东土城路乙 9 号　　邮编：100013
总编室： （010） 64270995　　传真： （010） 64270995
销售热线： （010） 64271187
传真： （010） 64271187-800
E-mail：icpc@95777.sina.net

序言

　　在这个五彩斑斓的世界里，每一个孩子都像一棵刚刚破土的幼苗，充满着无限的潜力与希望。

　　你们是否也曾在热闹的游乐场，或是安静的图书馆，看到过这样的情景：有些小朋友像个小陀螺一样精力充沛，却时不时做出一些不雅的行为。他们可能会说一些不礼貌的话，对长辈的辛苦视而不见，在公共场合随意地跑来跑去，坐没坐相、站没站相，好像觉得规矩和礼貌跟自己没关系。这时候，你们是不是也在心里问过自己：我要怎样才能拥有良好的教养，成为一个让人喜欢的好孩子呢？

　　其实，"教养"就像一把神奇的钥匙，能帮助我们打开成长路上一扇扇通向美好的大门。一个有良好教养的孩子，会更容易和小伙伴们相处，在学习上也愿更努力，将来也能更好地走向社会。而且，你们就像一块块还没有被雕琢好的玉石，可塑性很强，小学阶段就是养成好习惯的黄金时期哦！

　　正是因为对你们深深的爱和期待，老师们精心编写了这本《顺天性有教养》。它不仅仅是一本书，更是你们成长路上的好伙伴。在这里，老师们把你们在成长中可能遇到的各种习惯问题都找了出来，像怎么和别人友好地打招呼、交流，怎么在学习上更认真、更专注，等等，并且为你们提供了既实用又科学的方法。

　　现在，让我们一起踏上这段奇妙的教养养成之旅，借助爱和智慧的力量，成长为既懂礼貌又有能力、既善良友爱又坚强自信的优秀少年吧！

目录

哭鼻子解决不了问题

我特别喜欢用哭鼻子来解决问题，这听起来可能有点儿奇怪，但对我来说，哭鼻子就像有魔法一样，总能帮我迅速解决问题。有时候，我一哭鼻子，妈妈就会来安慰我；有时候，我一哭鼻子，生气的朋友就会主动来求和。可是，有时候，哭鼻子就像是"情绪小怪兽"，它一来，我就有点儿控制不住自己了。

我总是喜欢哭鼻子

在学习上，一遇到困难和挫折，我就喜欢哭鼻子。

因做错事情被批评时，我也总是用哭鼻子来逃避问题。

和朋友发生争执时，我总是会哭鼻子。

被误解时，我总是没法辩解，忍不住哭鼻子。

布谷博士咨询室

我也不想哭，但我控制不了自己。

因为你的年龄太小，情绪表达能力有限，还不会用更成熟的方法处理复杂或强烈的情感，因此在面对挑战或无法立即解决的问题时，只能选择用哭鼻子这种本能的方式来表达自己的感受。

别走呀，我们来商量一下怎么优化你的提议好不好？

除了哭，我不知道自己能做些什么。呜呜呜！

难过时哭一哭是没关系的，每个人都有这样的时候，但是哭过之后，我们还是要回归问题本身。我们要相信自己，不断学习解决问题的方法，提高自己应对困难的能力。只有解决了问题，人才能真正成长起来。

布谷博士说

虽然哭鼻子能释放压力、引起他人注意，但这并非解决问题的办法。我们需要采取更积极主动的方式去应对问题。当我们遇到困难时要分析原因，再积极寻找解决的办法。否则，一味地哭泣只可能会给别人带来烦恼，使别人不知道如何回应你的这种情绪。

怎样才能不做"小哭包"呢？

1. 可以选择其他方式来释放悲伤和焦虑的情绪，转移注意力，比如看一场喜剧电影，和朋友出去郊游或去游乐场放松一下等。

在感到难过时，我要大胆倾诉，而不是哭鼻子。

2. 认识情绪并给自己的情绪命名，当你感到难过或生气时，主动说出"我现在感到很伤心（生气）"来表达情绪，而不是仅仅通过哭来表达。

没有，遇到难题，我会主动和妈妈说的。

最近有没有遇到解决不了的困难？

3. 增加与家长和朋友们的互动，快乐积极地生活，提升安全感与自信。

膝盖受伤后可以先简单处理下，而不是放声大哭。

4. 培养自己解决问题的能力。遇到问题或困难时，尝试思考和提出解决方案，而不是哭泣。

不经允许，
不乱动别人的东西

　　我有个不太好的习惯：总是不经过主人的同意，就伸手去摸或者拿起那些有趣的东西。我知道这样不好，但有时候就是情不自禁。

神秘日记

布谷博士咨询室

我好奇心很强，所有的东西都想去摸一摸、碰一碰。

好奇心强是件好事，它让你对世界充满探索的欲望，但每个人都有"秘密花园"，需要得到尊重和保护。下次当你对别人的东西感兴趣时，可以直接去征求他们的意见呀！

你为什么没有经过我的允许就翻我的书呀？

我们是好朋友，看一下怎么了，干吗这么小气！

翻朋友的笔记本看似是一件小事，但实际上这是对他人私人空间的侵犯。朋友之间更应该有边界感，给予对方应有的尊重。

布谷博士说

每个人都有自己的"心理边界"，当你未经允许乱动别人的东西时，就是在侵犯别人的隐私。乱动别人东西的行为会破坏你在他人心中的形象，让人觉得你不懂得尊重他人，缺乏基本素养，从而可能对你产生不好的看法，甚至疏远你。

怎样改掉乱动别人的东西这种坏习惯？

1. 我们必须认识到这是一种错误的行为，会给其他人带来困扰。一定要加以改变，否则可能会失去朋友的信任。

2. 当你想要乱动别人的东西时，可以寻找其他的替代物，比如玩自己的玩具或直接离开这个地方。

3. 培养自制力，通过日常生活中的小事和自我控制技巧来帮助自己控制冲动行为，比如深呼吸、数数等方法可以帮助自己冷静下来。

4. 如果自己难以改变，可以寻求家人、老师或其他专业人士的帮助，或许这与某些疾病有关。

学会倾听，
不打断他人说话

　　我总是忍不住在别人说话的时候插上几句，把我想说的话先说完，却不想认真听完别人的故事。我知道这样不好，可有时候我就是控制不住自己，总是嘴巴比脑子先行动。

反向跑冠军

我们一会儿要开展环校慢跑活动。

真没意思，环校园跑步还要介绍，难不成能跑丢呀……

嘿嘿，我跑得真快，没人能追上！

浩天，你是不是跑反方向了？

啊……我说路上怎么一个人也没有……

你是反向跑冠军。

我总是不由自主地打断对方讲话

我最喜欢读儿童文学了……

我觉得我的话题更有趣，才打断他们无聊的话题。

首先，每个人的兴趣是不同的，自己感觉有趣不代表别人也觉得有趣。在分享的时候，每个人都希望被倾听和尊重，就像你期待别人认真听你说话一样。

你不要讲了，该我了！

我渴望被关注，成为人群中的焦点。

每个人都渴望得到关注，这是很正常的。但是，打断别人讲话可能会让人感到不舒服，影响人际关系。

布谷博士说

倾听是人际交往中至关重要的技能，它能够促进相互理解和尊重，建立彼此的信任感。频繁打断他人，可能反映出孩子在情绪管理和社交技巧方面的不足。我们应学会倾听，比如和交谈者保持眼神交流、点头示意、不打断对方、用简单的话语回应等。

如何成为一个好的倾听者？

1. 当你的朋友和你说话时，你要把注意力都放在朋友身上，就像在看你最喜欢的动画片一样。避免被电视、手机或者其他东西分散注意力。

2. 和朋友说话时，看着他们的眼睛，这样他们知道你在认真听他们说话。时不时根据聊天内容点头或者微笑，让你的朋友知道你在听。

3. 如果你没听懂或者想知道更多，可以问他们问题，这样他们会知道你在努力理解他们。有时候，你可以把朋友说的话复述一遍。

4. 试着换位思考，这样你会理解他们的感受。即使你不同意他们讲的话，也不要立即反驳，要友好地听他们说完后再去交流彼此的想法。

不要背地里
说别人的闲话

　　我有时会不自觉地在背地里说别人的闲话。我知道这样做不对，每次说完之后，都会心虚和后悔，因为那些话不仅伤害了别人，也显得自己素质不高，但我总是管不住自己的嘴巴。

滑稽企鹅舞

1. 晨晨在操场上偷偷练习跳舞，那动作简直比企鹅还搞笑！

2. 晨晨跳舞就像这样…… 哈哈哈，好像一只企鹅。 我觉得一点儿也不好笑。

3. 浩天又在"耍宝"了！ 他这是在模仿别人、嘲笑别人吧，真讨厌呢！

4. 哇‼ 我的屁股！

5. 原来不是在装，本来就是只"笨企鹅"啊！

6. 晨晨，你怎么来了？

7. 晨晨，对不起，我不该在背后议论你！ 没关系，我们互相学习！

布谷博士咨询室

虽然背后说别人的闲话可能会让你觉得和朋友更亲近了，但其实它更像一把无形的剑，会伤害到其他人，也会在你和朋友之间埋下不信任的种子，使你们之间的感情变得不牢固。

我感觉和朋友一起背后说闲话能拉近关系。

我对他不满，背后议论一下，怎么了？

对某人某事有意见或不满，想发泄很正常，但背后说别人的闲话并不能解决任何问题，反而会激化矛盾。试着直接沟通，或是寻求合理的解决途径，这才是更加成熟和负责任的做法。

布谷博士说

背后说别人的闲话往往反映了我们在人际交往中缺乏沟通技巧和情绪管理能力，这种行为若不加以引导，可能会破坏人际关系，影响个人形象。另外，更隐蔽的危害在于，说闲话会逐渐腐蚀我们自身的心态，让我们慢慢失去直面问题的勇气：明明可以坦诚沟通解决的分歧，却偏偏选择用闲话发泄不满。

怎样改掉背后说闲话的毛病？

1. 学会换位思考，试着站在被议论者的角度去感受。

2. 把更多的时间和精力放在提升自己上，关注自己的成长和进步，而不是把注意力放在别人的生活上。

3. 和朋友聊天时，尽可能找些积极的话题，比如分享有趣的故事、讨论共同的兴趣爱好等。若在聊天中发现有人谈论他人，可以尝试转移话题。

分享是一件快乐的事

　　我不太愿意和别人分享我的玩具或者零食。每当小伙伴想要借我的东西时，我的心里就会有点儿舍不得，担心他们弄坏了或者不还给我。我知道这样可能会让朋友们觉得我有些小气，但我就是不喜欢分享。

分享让生活更美好

布谷博士咨询室

我担心别人弄坏我心爱的玩具。

你珍惜自己的玩具，这点很棒！不过不必因此拒绝分享。我们可以尝试在分享时制订一些规则，比如轻拿轻放、玩完后放回原处等，这样能够使你的宝贝玩具得到爱护。

我不想给别人玩我的布娃娃！

对孩子来说，有些特殊的玩具和物品是不能分享的，这是他们安全感的一部分，分享这些物品可能会让他们感到不安或恐惧，所以不要强迫他们分享。

布谷博士说

随着年龄的增长，孩子会逐渐形成物权意识。他们通过占有属于自己的东西来区分自己与他人。这种意识从"这是我的"开始，他们会把自己的东西看得特别紧，不愿意分享。这是孩子成长过程中的一种正常心理。家长要充分理解和尊重孩子的这种情感，不强迫他们分享，而是要设身处地地为他们考虑。

怎样才能养成分享的习惯呢？

1. 试着站在他人的角度思考问题，理解他们的需求和感受，从而更加自然地分享。

2. 定期和朋友们组织分享会等活动，分享美食、玩具、书籍或个人经历。

3. 将分享融入自己的日常生活，从日常小事做起，比如分享食物、分享学习中的资料或信息等。

浪费是个坏习惯

　　我在生活中总是大手大脚的：橡皮还没用完就随手扔掉，洗手时水龙头会开得很大，吃饭时也常常剩下好多饭菜。妈妈看到总会皱着眉头说："你怎么这么浪费？"可我觉得她是小题大做。

物归原主

为什么有的孩子总是浪费呢？

1. 好奇心强，喜欢尝试新鲜事物，无意间造成了浪费。

2. 在物质条件较好的环境中长大，能轻易得到很多东西，从未经历过贫困的生活。

3. 家里的大人奢侈浪费，孩子耳濡目染，也会养成浪费的习惯。

布谷博士说 孩子浪费的行为主要表现在对日用品、水电等资源的不珍惜和不合理使用上，如随意丢弃未吃完的食物、频繁更换文具等。这种行为不仅浪费资源，还可能对孩子的价值观、责任感以及未来的理财能力产生负面影响。家长和老师应该以身作则，引导并教育孩子避免浪费，勤俭节约。

怎样才能养成勤俭节约的好习惯呢？

1. 树立节约意识，知道浪费是可耻的行为，从小事做起，避免浪费。

我今天要按照清单购物，不能乱买。

2. 培养正确的消费观，根据自己的实际需要来买东西，而不是因一时兴起造成浪费。

我找这本书好久了！

你的围巾很漂亮。

3. 将一部分物品循环利用，变废为宝，比如向山区捐献家里闲置的旧衣服，回收废旧的瓶子、纸张等，还可以参加"以物易物"小市集，和朋友们交换彼此需要的东西。

妈妈和我都不能浪费！

4. 家长是孩子最好的老师，要以身作则，一起制订并遵守各种"不浪费"的规则，比如吃饭时要吃干净碗里的食物，家里已有的物品不再重复购买等。

队伍再长，
我也不偷偷插队

每次排队的时候，我盯着面前那条慢吞吞挪动的队伍，捶着我又酸又疼的腿，心里犯嘀咕："什么时候才能轮到我呀！"每到这个时候，我就忍不住想要偷偷地跑到队伍前面去，悄悄插个队！

最后的甜甜圈

布谷博士咨询室

虽然你觉得只有自己一个人插队影响不大，但别人可能会模仿你这种行为，从而导致秩序的混乱。而且插队本身就不公平，只图自己方便耽误了别人的时间。

就我一个人插队，影响也不大。

火车马上要开走了，我要插下队！

我很急，担心时间不够才插队的！

每个人都会遇到急事，在征得大家同意的情况下，偶尔插队是可以理解的。但我们可以尝试更好的解决办法，比如提前做好准备，做好时间管理，避免因为自己拖延造成对他人的侵扰。

布谷博士说

生活在社会群体中，每个人都会在意他人对我们的评价，因为这会影响我们在社会中的地位和人际关系。不插队的行为会得到认可和尊重，被群体接纳和认同。相反，插队可能会遭到他人的批评和反感，破坏我们的人际关系。

怎样才能改变想插队的想法和习惯呢？

1. 插队往往是因为缺乏耐心，想要快点做完一件事，我们要学会控制情绪，在想要插队时，先深呼吸几次，让自己冷静下来。同时，我们可以通过练习书法，看书等方法培养耐心。

2. 如果是因为担心误车误点而插队，那我们就应该做好时间管理，提前安排好时间。

3、必须认识到插队是不道德且不公平的行为，进行自我反思，自觉接受监督。

4、换位思考，体会到被插队的心情，就不会随便去插别人的队。

总是情不自禁地
去凑热闹，怎么办？

　　我很喜欢凑热闹。不管是遇到班级里的争吵，还是路边发生的车祸，我总会立刻停下手头的事情，第一个冲上去围观，仿佛身体里装了一个小雷达，专门探测哪里有"八卦"发生。

凑热闹的下场

布谷博士咨询室

总是情不自禁地想凑热闹，这种心理正常吗？

喜欢凑热闹是很自然的心理，这是因为我们对新鲜事物充满了好奇心，但是要确保我们的行为不会打扰别人。

慢点儿！

妈妈，我们去那个摊位看看，那里人好多呀！

我有一点儿从众心理，大家都去的地方我也想凑过去瞧瞧！

很多时候我们会受到周围环境和他人的影响，有从众心理是很常见的，不过不能盲目从众，凑热闹前要保障自己的安全。

布谷博士说　如果你发现自己有爱凑热闹的习惯，这可能意味着你对周围的事物很好奇，喜欢热闹的氛围。这种倾向本身并无好坏之分，但有时可能会导致一些问题，比如分散注意力，影响工作或学习，甚至可能卷入麻烦。因此，凑热闹一定要注意适度原则。

如何合理把握凑热闹的度呢？

1. 切记安全第一，在没有成人监护的情况下，未成年人不要随意加入陌生人群，防止出现意外情况。

2. 寻找自己的兴趣爱好，专心投入兴趣活动中，比如可以在其他人凑热闹的时候去做自己喜欢的手工。

3. 思考自己爱凑热闹的根本原因，是好奇心强、害怕孤独而想融入人群，还是因无聊而寻求刺激。了解原因有助于从根本上解决问题。

4. 与那些积极向上、志同道合的人交往，积极参加有益健康的活动，比如学校组织的郊游、体育运动或兴趣小组等。

玩具也有自己的家

    我的房间总是乱糟糟的。书本、玩具和衣服都随意地堆放在各个角落，找东西的时候总得翻箱倒柜，有时候还会因为踩到地上的玩具而摔倒。但是整理屋子对我来说，是一项艰巨的任务，看着满地狼藉，我感到无从下手。

房间里的"生化武器"

布谷博士咨询室

今天整理玩具，其实是在为明天创造便利。想象一下，如果玩具都放得乱糟糟的，当你想找某个特别喜欢的玩具时，是不是得翻箱倒柜找好久？而如果它们都整齐地放在那里，你一眼就能看到，多方便呀！

> 既然明天还拿出来，为什么今天要收起来呢？

> 我就喜欢随性，不喜欢被要求、被约束！

每个人都有个性，对你来说，玩具随意摆放可能代表着一种自由。不过，想要找的东西怎么也找不到时，就没法随性了。这时就需要找到一种平衡，既能保持你的个性，又能让生活更有序。

布谷博士说

保持房间整洁有序不仅能让我们住得更舒服，还能让生活变得更高效和快乐。每次玩完游戏或者做完作业后，花几分钟时间把东西归位，不仅能节省日后寻找物品的时间，还能帮助我们保持一种清晰的思维状态。

怎样才能养成归纳整理的好习惯呢?

1. 将整理任务分解成小步骤并逐步完成，避免一次性承担过大的工作量。

2. 每天或者每周设定一个固定的时间段，比如晚餐后或周六，作为整理玩具和书籍的时间。

3. 准备一些适合自己身高和力量的收纳工具，如收纳盒、篮子或挂钩等。

4. 定期检查自己的物品，决定哪些保留、哪些赠送或丢弃，避免积累不必要的物品。

爸妈不尊重我的想法，该怎么交流？

今天又和妈妈吵了一架。妈妈总说她是大人，说的都是对的，可是我觉得关于我自己的事情，当然是我自己更清楚。我尝试去找爸爸，但爸爸也是同样的态度。我很苦恼，要怎么和爸爸妈妈沟通呢？

错误的路

布谷博士咨询室

你和爸爸妈妈的年纪相差很大，生长环境、接受的教育以及从小到大的经历都不一样，以为对很多事会形成不同的看法。面对同样的问题，你们之间的分歧其实源于立场和出发点。

有些父母习惯了传统的权威式教育方式，认为孩子就该顺从自己。这时，我们要保持自己主动学习和提升的态度，在更多方面做到比爸爸妈妈了解得更多，为他们提供帮助。这样，他们就会发现你已经长大了，会逐渐开始相信你的判断。

爸爸妈妈是我们最重要的人。我们会对他们有天然的崇拜和亲近感。但他们也都是普通人，会有各自的缺点和局限性。因此，我们要多理解多交流，找到适合彼此的沟通方式。

怎么和固执己见的父母交流呢?

选择爸爸妈妈都很平静放松的时刻,和他们好好聊一聊,表达你的感受和希望。沟通是消除矛盾最好的方法。

你可以利用一些权威依据或数据,让自己的意见更有分量,比如告诉家长是学校老师说的、书上看到的等等。

在肯定对方观点的同时,也要坚持自己的想法。可以和家长商量,提出先按照你的想法试一试的建议,同时还要注意说话的语气,尽量保持温和平静。

如果爸爸妈妈难以沟通,完全听不进去你的想法,这个时候我们可以选择暂时妥协,尽量避免正面冲突。同时,保持耐心和理解,等待合适的时机再尝试沟通。

我不再习惯性说谎

　　每次做错事情，我的心里就会立刻涌起一股恐惧感，害怕面对随之而来的责备和惩罚。于是，我的嘴巴就像不受控制一样，开始编织一个个谎言。

"小猫的报复"

布谷博士咨询室

小朋友害怕被父母责罚是很正常的。不过，说谎并不是解决问题的好方法，万一被发现，可能会面临更严重的惩罚。不如找个爸爸妈妈心情好的时间诚实地认错吧，其实爸爸妈妈更关心的是你的态度。

我害怕被责罚！爸爸妈妈发火好可怕！

怎么退步这么多？

我考试当天肚子疼，发挥失常。

我想获得认可，不想让妈妈失望。

想通过说谎获得他人认可，说明你十分在意他人的感受和评价，但是真正的认可和赞赏是建立在真实的基础上的，谎言总有被揭穿的时候。你要相信你本身有很多优点，不需要通过说谎来让大家认可你。

布谷博士说

为了逃避责罚而说谎往往源自内心的不安与恐惧：害怕承担后果或害怕失去他人的喜爱与认可。可是谎言不仅会破坏人与人之间的信任，更会让人在逃避中失去直面问题、解决问题的机会，从而阻碍一个人的健康成长。因此，我们要诚实地面对问题。

我要做一个诚实的小孩

1. 要明辨是非，认识到诚实的重要性。做错事后敢于承认错误，并主动承担相应的后果和责任。

2. 面对真实的内心，记录自己做过的诚实的事情和曾有过的不诚实的想法，通过回顾记录不断强化诚实的意识。

3. 分享自己或身边人的诚实故事，感受到诚实就在身边。

4. 制作一张"诚实承诺卡"，先在上面写"我承诺诚实"，然后把它放在显眼的地方。每当你想说谎时，这张卡片就能够起到警示作用。

我是家庭的一分子，要积极参与家庭劳动！

　　每次妈妈让我参与家庭劳动，我就好像变成了小懒猫，只想躲起来偷懒。我不是不心疼妈妈，只是觉得那些家务好无聊。相比之下，我更喜欢和小伙伴们出去玩或者看动画片！

快来一起做家务！

我不要嘛！

真的不想做家务

做家务不应该是大人的事吗？

布谷博士说

做家务不仅是大人的事，而且是每个家庭成员都应该承担的责任，这和年龄的大小无关。家务涉及清洁、整理、烹饪等多个方面，维持家庭的日常运作和居住环境的整洁。从小参与家务，不仅能够锻炼我们的基本生活技能，增强责任感和独立性，还能促进家庭成员之间的合作与理解，共同营造和谐的家庭氛围。

怎样才能养成
积极参与家庭劳动的好习惯呢?

1. 你可以尝试把家务变成小游戏,通过游戏化的方式来完成家务,比如"谁最快整理好房间""寻宝游戏",增加家庭劳动的趣味性,在愉快的氛围中完成家务。

我们来玩寻宝游戏啦!你需要将"宝藏":遥控器、玩具、漫画书……都放进收纳盒!

好呀!我保证完成"宝藏"收集任务!

真是妈妈的好孩子!

妈妈,您辛苦了,我来帮忙!

2. 要有同情心,理解家长做家务的辛苦,养成主动为家长分担家庭劳动的好习惯。

花儿真漂亮,我喜欢浇花这项家庭劳动!

3. 选择自己感兴趣的家庭劳动,能减少枯燥感。

今日打扫工作马上结束,先奖励自己喝一杯果汁!

4. 为自己设置奖励,每当完成一定量的家务后,给自己一些奖励,比如看一集喜欢的动画片。

053

在爸爸妈妈的朋友面前，我总是很紧张

　　我的爸爸妈妈朋友很多，有时候他们的朋友会来家里做客，有时候会几家人一起出去玩。但在爸爸妈妈的朋友面前，我觉得很不自在。在家的时候就想躲在房间里，出游时也只想和爸爸妈妈一起玩。面对这种情况，我该怎么改变呢？

与爸爸妈妈的朋友见面好紧张啊!

布谷博士咨询室

不知道和爸爸妈妈的朋友聊什么，感觉真的很尴尬！

不知道和大人聊什么很正常，尤其是你对他们并不熟悉。所以，在聊天时我们可以多听少说，通过倾诉，逐渐找到共同话题。

那是爸爸妈妈的朋友，又不是我的朋友，一定要认识吗？

小明，我们一起去吃火锅吧。

很理解你不自在的感受，但生活在社会上有些事情是不可避免的。和家长的朋友接触是社会化的必然历程，不能逃避。

布谷博士说

和大人社交，对于小朋友来说是个大难题。因为在面对陌生人的时候，我们本就心有防备，更别提没有共同话题的大人了。但是这些人是父母的朋友，我们要尊重他们，见面主动打招呼，如果实在觉得无聊或难以融入，可以找个借口离开现场，但不要失礼。

怎么做才能在父母的朋友面前表现得体呢？

主动打招呼是一个有礼貌的好孩子的必备技能，打招呼的时候别忘了面带微笑。

在大人交流时保持安静，认真听他们的交谈，可以在适当的时候提出问题，点头表示认同，这样才能让客人感受到尊重。

主动去做一些力所能及的小事，这也是拉近你和其他大人之间距离的重要方法。

如果提早知道爸爸妈妈要和朋友聚会，可以提前做一些准备，想好一些简单的问题或话题。

不喜欢一些亲戚的玩笑，我该怎么办？

　　有的亲戚来家里做客时，总会开一些一点儿都不好笑的"玩笑"，什么小胖妞要减肥，太占空间了；如果不听话，爸爸妈妈就不要我了……我听了之后觉得很烦，但又不知道该怎么办才好。

彤彤圆滚滚的，真是随我！

一些"玩笑"真的让人不舒服

布谷博士咨询室

🍀 由于年龄差距大、有代沟，大家对"玩笑"的定义不同。

🍀 他们也是在这种环境下成长的，所以已经习惯了，认为这是"正常"的。

喜欢爸爸还是喜欢妈妈？

为什么这些亲戚总开这种玩笑？

亲戚

亲戚

🍀 缺乏同理心，不能体会到他人的情感反应。

🍀 有些人的受教育程度低，不知道如何尊重他人，言行上不得体。

布谷博士说

生活中，总有人喜欢拿"开玩笑"的幌子调侃别人，让人局促又难堪，如果你生气或者难过，还会被对方倒打一耙说开不起玩笑。这种当然不是玩笑，而是一种"心理霸凌"，我们必须学会拒绝。

亲戚开的玩笑让人不舒服该如何应对?

用平和坚定的语气直接向别人表达自己的感受，强调你对这些玩笑的不满和讨厌，让他们以后都不要再讲了。

如果可能，可以找借口避开和亲戚相处的机会。

清楚地表明你的界限，让他们知道哪些话题是你不愿意讨论的，比如身材外貌、学习情况、考试成绩等。

改变沟通方式，争取掌握沟通的主动权，当亲戚们开始讨论你不喜欢的话题时，尝试把话题引开。

学会恰当地
向师长问好

妈妈跟我说要做一个讲礼貌的好孩子。每当遇到老师或长辈时，我心里明明知道应该礼貌地打招呼，可话到嘴边总是说不出口，为此常常感到尴尬又自责。

此"无礼"非彼"五里"

为什么你不向老师或长辈打招呼呢?

布谷博士说

　　主动向师长打招呼是一种基本的社交礼仪,这会让人感到自己是社会群体中的一员,从而获得归属感。孩子不喜欢打招呼,可能是因为不自信或是对社交场合不适应。这种情况并非出于恶意,需要家长和老师的耐心引导和正面鼓励。

怎样恰当地向师长问好呢？

1. 要根据关系的远近、长辈的职位或年龄来称呼对方，使用恰当的称呼如"叔叔""阿姨""爷爷""奶奶"等。

2. 使用礼貌用语，如"您好""请问""谢谢"等。

3. 见到长辈或老师时一定要主动问候，不要等长辈先开口。

4. 在打招呼时保持眼神交流，以显示诚意和尊重。

被老师冤枉了，
我会合理交流

上体育课的时候，小新排在我前面，跑步时她忽然摔了一跤。体育老师看到了，质问我为什么要推同学。我被冤枉了，觉得很委屈，该怎么办才好呢？

被冤枉的大壮

布谷博士咨询室

被冤枉了当然要说清楚事实，证明自己的清白。但是在辩驳的时候，要注意时机和方法，如果在老师情绪激动的时候争辩，只会适得其反。

大壮，站到你的位置上去，不要顶撞老师。

老师冤枉了我，难道我不能反驳吗？

老师冤枉我，是不是因为不喜欢我，对我印象本来就差呢？

尽量把情绪聚焦在眼前，就事论事，不要陷入自我怀疑和伤感当中。老师并不是全知全能的，一时的判断失误并不能说明他不喜欢你。

布谷博士说

被冤枉对孩子来说是一种创伤，尤其是被像老师一样的权威人物冤枉时，在这种情况下，他们通常会感到愤怒与委屈。但每个人都可能被人误解，关键在于如何面对和解决。我们不能陷入情绪的泥沼，而是要勇敢站出来，主动向老师说明事实。

被老师冤枉了该怎么办？

首先，不要情绪激动地和老师争辩，先深呼吸，尽量让自己冷静下来，避免在情绪失控时引发新的争端。

找一个合适的时间，与老师单独交流，完整地叙述当时的事件，说明自己是被误会了。如果有可能，提供一些证据来支持自己的说法。

学会谅解和释怀。老师也是普通人，有时只能基于有限的信息做出判断，出错是难免的。只要知错能改，原谅他人，才能增进信任和尊重。

如果老师不听你的解释，可以寻求家长或其他老师或学校教务处的帮助。

新同桌有好多缺点，
也能相处得好

  班级调整了座位，我有了一个新同桌。新同桌是个乐于助人、热情开朗的人，大家都很喜欢他，但我却觉得他身上有很多缺点，难以忍受。这可该怎么办呢？

我的新同桌

布谷博士咨询室

感觉新同桌有好多缺点，是因为我太小心眼了吗？

拖延症

嘻嘻热闹

不讲卫生

丢三落四

　　每个人都有自己的性格特点和偏好，与他人相处时难免会注意到对方的一些行为或习惯，有的可能会让你感到不舒服，这是很常见的事情，并不意味着你小心眼。

　　阳阳未经允许用了你的橡皮，你感到生气很正常，因为每个人都希望自己的东西得到尊重。不过，生气地大吼可能会引起对方的反感，你可以试着平和地表达自己的感受，商量着解决问题。

明明是他错了，凭什么生我气？！

布谷博士说

　　每个人都有自己的特点和不足之处，包括我们自己，所以在与他人相处的过程中，应该互相理解。如果对方的一些行为影响到了你，你应该及时表达自己的不满，试着以一种温和而直接的方式与他（她）沟通，表达你的感受。

我该如何和新同桌相处呢？

对别人不满的时候，往往伴随着烦躁、愤怒等负面情绪，这个时候如果去沟通，大概率会让两人吵得不可开交。因此，在沟通前要先调整好自己的情绪。

与其经常抱怨同桌的缺点，不如提出建设性的建议，帮助他变得更好。

在提出他人的缺点时，可以使用"想一起解决问题"的态度和语言。你并不是单纯地表达不满，而是出于对对方的关心，希望和他一起进步。

弄坏了别人的东西，
我不害怕道歉

　　我不小心把同学的水杯碰倒了，结果弄湿了她的美术作业。我觉得很不好意思，立即向她道歉，可她还是情绪很激动。这件事之后，她就不再理我了，我内心充满愧疚，真不知道该怎么办才好。

伸懒腰引发的悲剧

布谷博士咨询室

> 我不是故意碰倒她的水杯的，她为什么就不能原谅我？

那个美术作品不仅仅是一幅画，更是形形心血和情感的结晶。失去这样一件无法替代的物品，她肯定会感觉很痛苦，不会轻易原谅。在这种情况下，你要调整心态，明白即使是最真诚的道歉和努力，也可能需要时间才能得到对方的谅解。

> 再去正式道个歉吧。

> 只是一点小事，过几天应该就忘了吧？

做错事就是做错事，有些伤害并不会因为时间的流逝而消失的。如果是因为我们的过错导致同学之间争吵、生气，如果我们不真诚地求得对方的原谅，恐怕永远也无法和好。

布谷博士说

当你不小心损坏了朋友的东西时，心里肯定会感到不安。这时，最重要的是要诚实面对自己的错误，并采取积极的补救措施。你应该主动向朋友道歉，并表达愿意赔偿或者修复损坏物品的意愿。真诚的态度和负责任的行为才能够帮助缓解紧张的关系。

不小心弄坏了朋友的东西，该怎么办呢？

真诚地道歉，并明确表明你会对自己的行为负责。

提供一个具体的解决方案，比如支付修复费用或寻找专业的修复服务，要注意的是，这时不要再给自己的错误找借口。

提供其他形式的补偿，比如陪你朋友再创作一幅新画，或者送你朋友一份有纪念意义的礼物。

给予对方时间和空间，让对方缓和情绪。在此期间，始终保持沟通交流。

不做丢三落四的
"冒失鬼"

　　我很容易急躁、马虎、冲动，每天冒冒失失的，不是上学忘了带作业本，就是把课本落在别人的书桌上，就连最心爱的水杯也常常在课间"不翼而飞"，大家都说我是个小"冒失鬼"。

坏了，忘记带作业本了！

大壮变成了"爱哭鬼"

为什么有些小孩总是丢三落四呢？

妈妈总说我是"金鱼脑"，只有7秒的记忆。

总算找到了！

1. 生活缺乏条理，东西乱放，需要用的东西总是找不到。

2. 小学生正处于生长发育阶段，记忆力有限，注意力也容易分散，特别容易忘记一些细节。

我还没说完呢！

老师，我保证完成任务！

3. 性格急躁，态度马虎，没有听清或听完别人的话，就急急忙忙去做了。

布谷博士说

丢三落四是很常见的现象，不必过分担忧，但要小心不要让它变成固定的行为模式，这种行为模式一旦形成，就会越来越难改变。因为我们产生一种惯性后，会自动按照习惯的方式去行动，所以一定要有意识地去改变自己丢三落四的行为。

怎么改掉丢三落四的坏习惯？

1. 如果觉得自己的注意力不够集中，并且很容易分心，可以进行一些针对记忆力和注意力的专项训练。

2. 准备一个计划本，把要做的事情逐一写下来，每完成一项就标注出来。

3. 给常用的物品安排固定的位置，比如把钥匙挂在门边的挂钩上，把钱包放在床头的抽屉里等。

4. 家长的过度照顾是导致孩子生活无法自理的重要原因之一。要培养孩子自理能力，自己的事情自己做。

我嫉妒同学成绩比我好，就是个坏孩子吗？

我的成绩本来在班级里名列前茅，但新学期开始后，我的同桌后来居上，各科成绩都超过了我。我明明也很努力，但成绩总是不如他，时间久了，不甘心渐渐变成了嫉妒，然而家长和老师都说嫉妒是不好的情绪，我是个坏孩子吗？

嫉妒是一种常见的情绪

布谷博士咨询室

我为什么要嫉妒别人，我是一个坏孩子！

嫉妒是一种非常正常的人类情感，每个人在成长过程中都会有嫉妒别人的时刻，这并不代表你是一个"坏孩子"。但要正确理解和处理它。

我不光嫉妒别人，还觉得自己很失败，很想哭。

在比较自己与他人时，你往往过于关注别人的"闪耀"时刻，同时放大了自己的不足。其实，每个人都有自己的成长路径和独特的闪光点。

布谷博士说 嫉妒感的出现，通常是因为我们看到了别人拥有了我们想要的东西或能力。想象一下，当你感到嫉妒时，那也许是你内心深处对某样东西或某个能力有所向往的信号。这实际上是一个了解自己、发现个人愿望的机会。因此，我们要学会以积极的方式去应对嫉妒，将其转化为自我成长的动力。

如何正确应对"嫉妒小怪兽"呢？

如果你嫉妒别人在某方面做得很好，可以设定一个目标，然后不断努力提高自己，而不是仅仅停留在嫉妒上。

嫉妒的情绪需要适当表达，你可以选择跟家长倾诉，也可以选择通过画画、写日记的方式，将心里的负面情绪排解出来。

学习欣赏他人，试着看到别人成功背后的辛勤付出，为他们取得的成就感到高兴，将心里的嫉妒情绪化为你前进的动力。

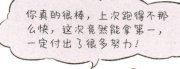

家长要引导孩子把注意力放在自己的进步上，而不是盲目与他人比较。家长频繁地提及"别人家孩子"则会对自己的孩子产生负面影响，让孩子产生嫉妒心理。

如何在小组中与不同性格的人有效合作？

　　老师说，为了让同学们彼此更熟悉，这次小组作业要由她来分组。很不幸，我和我不太喜欢的一个同学分到了一个组里。老师要求小组成员必须一起完成学习任务，这可怎么办？我要怎么和他合作呢？

我真的不喜欢这个同学！

同学很懒惰，学习习惯很差，根本不重视小组讨论。

同学的学习能力很差，经常拖大家的后腿。

同学的性格很顽劣，喜欢取笑其他同学。

一个人的话，进度更快，也更自由自在。

布谷博士咨询室

尽管你可能不喜欢这个人，但在小组工作中保持专业和礼貌是非常重要的。专注于共同的任务和目标，能够缓解尴尬的氛围。

和他一组真的好尴尬，不知道应该展现什么态度。

噫，我和他永远不可能和好！

同学之间有分歧和争执是很正常的，只要对方没有伤害过你，就不要陷入这种负面的"情绪泥潭"中，不妨积极一些，尝试和这位同学心平气和地相处一次，说不定能发现他的优点呢。

布谷博士说

和不喜欢的人一组确实让人头疼，但这也是锻炼适应力和沟通技巧的好机会。保持冷静，专注任务，试着找到共同点。换个角度看，每个人都有值得学习的优点，也许在相处的过程中你们能够重新认识对方。而且，小组合作的重点在于共同目标，把注意力更多地放在目标的达成上，也许会减少这个人对你的负面影响。

和**不喜欢的人**一个小组该怎么办呢？

　　试着与不喜欢的人开放诚实地进行沟通，确立大家的共同目标。

　　尽量明确每个人的职责和任务，如果需要可以减少和这个人的合作部分，避免不必要的冲突。

　　温和且坚定地设定个人界限，确保不会被过度要求或被忽视。

　　如果两人之间的矛盾激化，难以解决，可以寻求小组其他成员或老师的帮助。

我真的很反感
同学的恶作剧

班上有些男生总喜欢搞恶作剧捉弄别人，有时候会趁同学不注意抽走他人的凳子，有时候往女生的文具袋里放毛毛虫。对此，我很反感，遇到这种喜欢恶作剧的同学，我们该怎么办？

玩笑而已

布谷博士咨询室

真小气，连个玩笑都开不起。

我真的很反感同学开的一些"玩笑"，是我太小气吗？

呜呜呜……

玩笑是建立在双方都接受的基础上的，如果同学的一些玩笑让你觉得不舒服，那就不是玩笑了，我们一定要大声说"不"！

我是拿你当好朋友才跟你开玩笑的！

真的吗？

好朋友之间应该彼此喜欢、彼此爱护。假设你们是好朋友，怎么会舍得让对方出丑呢？如果对方经常开让你出丑的玩笑，那你们根本不能算是朋友。

布谷博士说

"开玩笑"与"恶作剧"有着本质区别，开玩笑是指用幽默轻松的方式逗别人，双方都能接受；而恶作剧的动机就是使对方难堪出丑、遭到耻笑，这种行为很恶劣。如果你感到同学的恶作剧让你受到了伤害，一定要及时说出来，制止这种行为。

遇到喜欢恶作剧的同学怎么办？

遇到恶作剧，我们一定要稳定情绪，冷静处理。这会让搞恶作剧的人感觉无趣。

在不伤害同学的情况下，也可适当以其人之道，还治其人之身。

如果同学始终不肯改正，那一定要及时告诉老师和家长。

当同学表现友善时，要及时给予肯定和奖励，这样能够强化他正面的行为，帮助他改掉不良行为。

寄语

——这小径分岔的花园

亲爱的小读者：

当你翻到这一页时，我们已经一起漫步过一条长长的花园小径。这里种满了关于善良、尊重、礼貌和真诚的花朵——也许它们还未完全绽放，但已经在我们心里悄悄发芽。希望你能用好奇的目光去发现它们，用温暖的双手去浇灌它们，让它们慢慢长成属于你的风景。

在撰写这本书的过程中，我常常想起陶行知先生说的"千教万教，教人求真；千学万学，学做真人"。教养的真谛，不在于完美无缺的礼仪，而在于让我们在接纳自我中涵养善良，在尊重差异中学会包容。书中的指南，与其说是教育方法，不如说是一份我们共同成长的约定——允许自己慢慢来，用善意点亮彼此的生命。当你懂得体味妈妈早餐里的温柔、向守护校门口的师傅轻轻点头、把别人掉落的一块橡皮轻轻送回——你就在无形间用温暖塑造着一个更温暖的世界。

这个世界并不完美，但正因如此，它才需要你——需要你的善良、你的勇气、你的坚持。你此刻种下的每一颗光亮的种子，都会让这条通向未来的小径，变得更加明亮、宽广。

愿你的每一步，都走得坚定而温暖。